ジタバタしない生き方

大徳寺大仙院閑栖
尾関宗園
Ozeki Soen

KKロングセラーズ

はじめに

現実に立ち向かっていく気概を養うのが禅だ

禅とは、仏さまの心に近づくための道程です。

仏さまの心を知れば、それまで大事だと思い込んでいたものが、実際は、取るに足らないくだらないものだということが、わかるようになります。

混乱の時代である今こそ、仏さまの心が大事だと私は考えています。

禅とは、現実から逃れて、心の静寂を得るためのものではありません。また、現実を見下ろして超然とするための教えでもありません。

禅とは、私たち一人ひとりが、それぞれの人生や境遇のまっただなかで、毎日、毎日、一瞬、一瞬をしっかりと噛みしめ、大切に、勇敢に、立ち向かっていく意気であり、気概です。そのような強い、たくましい人間をつくりだす教えです。
いったい、禅とはなにかと聞かれたら、私はただちにこう答えます。

「それは意気だ。
自分自身をよく見つめ、
精いっぱい現実に立ち向かっていく気概だ。
それを養うのが禅だ」と。

気概を燃え立たせて生きれば、転んでもすぐに起き上がることができます。
私たちには生まれながらにして、そのような力を備えています。
面倒なテクニックなどは必要ない。
ありのままの自分の姿を投げ出して、転ぶことを怖がらずに生きていくだけ。

お釈迦さまが説かれた「諸行無常」とは、この世にあるすべてのものは、生滅して定まりなく、無常であるという教えです。

仏さまの心を知れば、ものの見方も変わるし、生き方も変わります。

気概を持って、無心でそこに食い込んでいくしかありません。

尾関宗園

目次

第二章　迷いがあってもいい

第三章　失敗してもいい

第四章　背伸びしないでいい

第五章　前進さえしていけばいい

第六章　空で生きられるのが有難い

第七章 生きいきした自分と出会える

第一章　たじろぐことはない

たじろいでいる場合ではない。あなたの人生はこれからだ。

たじろぎ、びびっている姿は、狼狽する姿です。
この姿は、どちらにも動きがとれないことをいっています。
あわてふためいたら、そうなります。
このような姿が多く見られるのは、心が一番偉いということを知らないから。
もう、たじろいでいる場合ではありません。
たじろぎをきっぱりと切ってしまう。きっぱりお別れです。
あなたの人生はこれからです。

たじろぎのもとになるのは慢心。

たじろぎに答えがあると思うのが慢心です。
たじろぎのもとになるのは慢心です。
それは向こうから質問されても、答える強さが自分にはないからです。
それが最近の政治家などにみる腰抜けの姿や。
向こうが、なんかものを言ったら、
「せっかくお話の最中ですが、忘れないうちにちょっと言わせてください。
申し訳ないですけど。議長いいですか」
というくらいでなければね。
こちらから話をさせていただくという姿勢です。

前にも行けない、後ろにも下がれない。すっと上がったら、すっと下りたらいい。下がるなら、下がったらいい。

そのまま歩いて行ったらいいのに、上っているうちに途中で止まる。
たじろぐとは、自分の心のなかに前のことがいろいろあるからです。
前にも行けない、後ろにも下がれない。
どうしたらいいのか怖くなってどうにもできない。
ジーッと留まってしまうことです。
人を殺したことが、なにをしたことかわかっていない子どもがいます。
上がることもできない、下りることもできない、たじろいでいる状態です。

たじろぐのが、一番いけません。
たじろぐだけが、気に入らんことです。
それよりすっと上がったら、すっと下りたらいい。
下がるなら下がったらいい。
途中でたじろぐのが一番いけない。

人生の壁を乗り越えられなくなったら、
その壁を遠くから見させてやる。
柔らかい仏性を取り戻し、失敗しない人になる。

人生の壁を、どうにも乗り越えられない。「死んでしまおう」と思っているときは、その人の前に、人生の壁が大きく立ちふさがっています。
そんなとき、その壁をある程度の距離をもたせて遠くから見させてやる。すると、
「あんなもの、簡単に乗り越えられるでぇ」
となります。ここが面白いところなんやね。
距離でなくても、間でもいい。時間をもたせてやれば、その人は冷静になって、
柔らかい仏性を取り戻してくれます。

短絡は絶対にいけません。
イライラしたらダメです。もうちょっと余裕が欲しい。
自然に余裕が出てくる毎日の工夫が欲しい。
普段の冷静な自分に戻ったとき、アイデアがどんどん湧いてきます。
もう、なにをやっても失敗しない人になっている。

放り出されたときに、ようやく自力というものが養われていく。谷底から這い上がろうと自分で学ぶ。

まだまだ若くて健康なのに、
「オレはなにをやってもダメだ」
と言う人がいます。積極性にも欠けて、死んだように覇気もない。
そんな人を「おお、よしよし」と頭をなでてやることはない。
「もう来るな！　勝手にしなさい」と放り出す。
放り出されたら、そいつは死にますか。
人間なかなか死なないものです。
放り出された途端、その人は自分の責任、自分の力で歩くしかなくなる。

そこでようやく自力というものが養われていくんやね。
水が欲しくなったら、水のところに行く。
寒くて耐えられなかったら、ストーブの側に進む。
オロオロしながらでも、ちゃんと自分の欲するところに行きます。
あるときはつまずき、あるときは倒れ、あるときは谷底から這い上がろうとする。
現場というものにいつも当たっていれば、自分で学ぶことを覚えます。
そして、勝手に自分の読みと勘でやっていけます。

たじろぐから生命力がなくなってしまう。
たじろぎをなくするのが「無」。
無になって動き出せば加速度もつく。

たじろぐのは、生命力がなんにもなくなってしまうからです。
弓や矢を目の前に突き付けられたら、たじろぐ。
それがほんまものだと思います。
たじろぐとは、気が上下左右に動けない状態です。
それをなくするのが「無」なのだと思います。
無になって動き出す。動き出せば加速度もつく。
この加速度をあおり立てて突っ走るのです。

体がほぐれていないから、たじろぐ。ほぐしてくれる一番の薬が心。その心は、お釈迦さんなんですよ。

たじろぐのは、体がほぐれていないからです。手や足を柔らかくときほぐすのが、文殊さんが探しにいった「一茎草」という薬です。

文殊さんが、なんにも役に立たない薬を探しにいったところ、役に立たない薬はなんもなかった。毒薬みたいなものでもなにか役に立つ。

ところが、文殊さんは「一茎草」という薬を探し出してきました。

その薬とは、自分の病院では出せない薬だけれども、外側では出せるように処方箋を書きますがなと。いわゆる院外処方箋です。

それはなんなのといったら、実はそれがどうも心という薬で、その心は、人と比べるような心とは違います。

体をほぐしてくれる一番の宝物が、心というものだというわけです。

「一番のお薬は、お釈迦さんなんですよ」

と、文殊さんは教えておられるのです。

その心をつかまえることができないのは、非常にお気の毒です。

やればできることを知らないで、親も子もしょぼくれて生きている。

親は「子どもが勉強しない」とグチを言う。

子どもは「勉強はきらいだ。親がうるさすぎる」と反発する。

両方とも、もっともらしい理屈です。

私に言わせれば、両方とも「わかっていない」ということになるんや。

「やればできる」ということがわかっていない。

親が心配しなくても、子どもは立派にやっていける能力もやる気力も備わっているのに、それを親が認めてやろうとしないからね。

一方、子どもは子どもで、自分がやればできる素晴らしい能力を持っていることを知らず、しょぼくれて生きているんや。

「私はダメなんです」と言う人は、やればできるということを知らない。

生まれたての赤ん坊は、まだ目が見えません。
お腹がすけば必死に口をとがらせ、母親の乳房を探します。
そして、乳首をふくめないときや、乳が出ないときは、泣きわめいて乳を求める。
そこには、恥ずかしいとかという理屈はありません。
これが、生きるということなんやね。

このような人間本来の姿を忘れて、
「私はできません」とか、
「私はダメなんです」

などと言う人は、やればできるということを知らないからです。

疑義を持つから、たじろぐ。初めからそういうものだと対応する自分を拝ましてもらう。

向こうが言っていることの内容や意味がはっきりしない。

すると、疑義《ぎぎ》に持っていかなければならなくなるから、たじろぎます。

疑義とは、意味がはっきりしないで、疑わしいことを言います。

たじろぐのではなしに、初めからそういうものだということで、どんなことにも対応できる自分というものを拝ましてもらう。
そうすれば、柔軟な自分が飛び出してきます。

「あのやろう。あのガキが」ではなしに、そういうものがいてくれたお陰で、生きいきした自分がパッと出てくる。

人間が生きる道には、ありとあらゆる障害物があります。
天変地異だけでなく、人間そのものも障害になることがある。
あげ足を取る人もいれば、足を引っ張る人もいます。

そんなとき、「あのやろう」とか「あのガキが」ではなしにね。

それとは関係なしに、そういうものがいてくれたお陰で、こちらから、自分のほうから、楽しい、奮い立つような、生きいきした自分がパッと出てくる。

だれかが夜中に自分を殺しにきたら、物音に勝手に目が覚め、横に置いておいた木刀を手に持って、相手の首に突きつける行為が気さくにできる。

自由に体が動くように、運動させておくのです。

若い人でも老人とおなじように、体が硬くなっているから、足のツボもちゃんと動くようにしておく。足のツボを押すと体が柔らかくなります。

そのようなトレーニングを日常的に積んでおくことです。

止めようと思えば止められる。
出そうと思えば出せる。
自由に、右にも左にも回るという自分がある。

私たちの体は、ちゃんと水が流れるようになっています。
止めようと思えば止められる。
出そうと思えば出せる。
そんな柔軟なところでやってきたから今日があります。
出ないとか、出さなければならないとかではなしにね。
自由に、右にも左にも回るという自分があるのです。

「おれは待っているんだ」と言う人には、「なにを待っているのですか」と言いたい。

みなさん慢心なんです。思い上がっています。

思い上がっているのは、相手をバカにしているのではなく、自分をバカにしている思い上がりがあるからです。

自分をバカにしている思い上がりとは、そういうものです。

だから、言葉がポーンと出てこない。

水のなかにコインを落としたら、水が波打ってこっちに寄ってくる。

だんだんこっちに寄ってくるのを、待って見ているというのではダメや。

その水にコインが落ちる前に、自分の手がさっといってなければダメです。

それが仕事やがな。

どんな波が自分にたどり着くだろうかと、時間とかタイミングを測るのならば、そんなこと理科の先生に頼めばいい。

「波が伝わってくるのを、おれは待っているんだ」と言う人には、「なにを待っているのですか」と言いたい。

言葉とか姿とは、本当のものとは違うのだと知る。相手との壁、関係性を打破することができる。

修行というのは本に書いているものとは違って、過程です。

毎日の生活、生活そのものです。

たとえば、こちらが一生懸命話しているときに、聞いていない人に対して、「あの人はこっちの話もなんも聞かんで」と怒っている。

そのうちにだんだんと怒っていることに、はまり込んでいってしまいます。

その相手との壁、関係性を打破することができない状況に、グッと入っていってしまい、完全に動きが取れなくなる。

それで全部がうまくいかなくなるということが、よくあります。

そのようなとき、言葉とか姿とは、本当のものとは違うのだと知ることです。

「心径に苔を生ず」とは、自由自在に立ち向かっていっても大丈夫の証明。

心こそ、本当に自由自在なものなのです。

自由自在といっても、なかなかそうはなれない。だから面白いのです。

「心径《しんけい》に苔《こけ》を生ず」という言葉があります。

これは間違いやすい言葉です。

心の径《みち》に苔を生じれば、汚いことになっていると思っています。

ところが、苔は清らかな水のところにしかできません。

だから、「心径に苔を生ず」とは、自由自在にどこに立ち向かっていっても大丈夫だという証明みたいなものです。逆もまた真です。

向こうが言っていることを、私がどうこういうのは違います。

平生からそれをみんなに示しておくことです。

「決まっている」ところを、ちょっと脇の方から眺める練習をしてみる。固定観念をほどいて取り除く。

自分の思惑どおりになる世界というのは、1＋1＝2です。

当然、二に決まっているやないかという「決まっている」ところを、ちょっと脇の方から眺める練習をしてみる。固定観念をほどいて取り除く。

それによって、自由闊達な、融通無碍な働きを手に入れていく。

右といったら左、上といったら下というように相反するものが必ずあるけれど、対立しているものではありません。

人はすべて、その人にしかない素晴らしいものを持って生まれているのです。

役に立たない、余計なものでいっぱいだから、迷いが出てきます。

形あるものにしてはなりません。姿がないものこそ、本物です。

形あるものにしてはなりません。

形あるものまでもっていったらダメです。

形あるものにまでもっていくようなバカなことをしてはいけない。
形あるものは贋ものです。形ができたときにはもう、本物ではない。
姿がないものこそ、本物です。
形にこだわるから、こだわろうとするから、形が出てきます。

自分のところに光が届くようにしておく。雲があるから光が届かない。

たじろがないためには、自分のところに光が届くようにしておくことです。

自分のところに、宇宙エネルギーである光が届かないというのは、そこのところに雲があるからです。雲がちょっとなくなったとき、また光が射してくる。

光は消えたり、通ったりしますが、それがまた美しいんやね。
星がまばたいて美しく輝いて見えるのは、雲があるかないかの話です。
雲がなければ、星はきらめきません。
電球をにらんでいるのと、まったく同じ状態です。

人にはあかんでと言っておきながら、自分が素直になれないときもあるのや。

健康のために「少肉多菜」、つまり、肉を少なくして野菜を多く食べるという文を一〇項目書くことになりました。

「少肉多菜は、現代の栄養学ではちょっとおかしいですよ。少肉多魚ですよ」

などと、いろいろな人の意見も聞かしてもろうてやっていたのですが、人が言う意見を素直に聞けないこともあり、自分自身、素直がなかなかできないんです。

なんで個人の意見を、それぞれ取り上げなければならないんやとね。そんなものにいちいちこだわってどないするんやとか。

放っといてもいいとかね。そのうち、

「一回、これを英語にも訳さなきゃあかんな」

ということになりました。

そのときになって、向こうが言っていることを、素直に聞けなかった私が恥ずかしくなったのです。

自分が勝手にそう思っているだけやないかと気づいた。

中身がこうだとか、ああだとか、いちいち言っている場合ではないとね。

人にはそうしたらあかんでと言っておきながらね。

自分が素直になれないときもあるのや。

あれが違う、これが違うではない。

まっさらな自分になればね。それはそれでびっくりするわけです。

結局、「少肉多魚」ということになり、これを英語に翻訳するとき、「ちょっと待てよ。ＷＨＯ（国連世界保健機関）では、魚を焼いた焦げは、癌を誘発するとか言ってなかったか」

と、気になりました。

ところが、英語の"boiled fish"（煮魚）がポンと出てきたら、みんなが「なるほど」と、すっと納得する。

このちょっとしたことで、世界の人々が見た現在の標準にころっと変わるんです。

決まっている、わかっている、知っているではあかんのです。なんでもありでなかったら本物は伝わらない。

私は、見られている世界で暮らさせていただき、毎日のように、まったく知らない世界に引っぱり出されています。

そして、おまえはアホなんじゃと教えてもらうために、勉強させてもらっています。

いろいろなところで、話をさせていただくとき、

「なんでもありでなかったら、本物は伝わらない」

という言葉を使って、みなさんに納得していただいています。

決まっている、わかっている、知っているでは、それではあかんのです。

たとえば、医者ならば医者で、診察して薬を出すだけでなく、暇なときに患者さんが遊びにいくなら、ちょっとついていこうとかね。

その間に、夫婦のことや、嫁姑の話を聞いてやる。

西洋医学だけではなしに、
漢方薬などみんな混ぜてね。
どんなことにも柔軟に対応するのがいい。

それを言ったら医者から、

「おっさんの話、なんやそれ。それならなんでもありやないか」

と、返ってくる。

「だから、暇なときにと言ってるんやないか」

「それはわかるけど。おっさん、なんでもありやから、かなわんなあ」と。

医者が医者であって、なんでもわかっているのであったら、坊主を呼ばんでもいい。


医者のところに呼ばれて話をするのは、医者にはわからん世界があるからです。競争の世界で、どんなことをしてでも生き残らなきゃという時代。一体、これなんやろうと思っているところ、理解できへんところがたくさんあるからや。

西洋医学だけではなしに、漢方薬などみんな混ぜてね。

どんなことにも柔軟に対応するのがいい。

あなたの滑走路は、すでに敷かれているから今日がある。なんで走らないのですか。

これまで生きてきた。ここまでやってこられた。
すでに、あなたの滑走路は敷かれているのだから、今日があるんやからね。
滑走路があるのに、今後生きられないということはない。
線路が敷かれてあるのに、なんで走らないのですか。
ちょっと止まっていただけ？
たじろく必要はありません。
あなたは、線路や滑走路があることを忘れてしまっています。
もう、ここまで生きているのだからね。

第二章　迷いがあってもいい

本当に親身になってくれるもの、身内になってくれるものは、あなたの心の他にはない。

「あなたの身になって考えてくれる人をご存じですか」

と聞かれたら、

「あなたの心ですよ」

ということです。

「あなたにとって、本当の身内はどなたですか」

と聞かれたら、

「あなたの心ですよ」

ということです。
あなたの心ほど、あなたの身になってくれるものは、他におられません。
あなたの心が、本当にあなたの身になって、親身に考えてくれているわけです。
心が、あなたのことを一番考えているということで、進めていかないとね。
「自分とは、一体だれやねん」
といったら、自分の心です。

必ず、向こうの心を自分の心とする。その人にないものをあるものやとポーンとつかんでいく。

心といったら、向こうではなしに、こっちです。

向こうは相手で、こっちというのはあなた自身です。

こちら側が、あなた自身が、それをどういうふうに受け止めているかで、すべては決まる。

心とは、必ず、向こうの心を自分の心とします。みんなその人の心を見ているのです。

その人にある心を、求めていない。もともとその人にはないと思っているから、それをポーンと「あるものや」とつかんでいく。

それが、私のやり方です。

最初から持っているではないですか、とね。そればっかりです。

心を音読で「シン」と読みます。この「シン」が心の芯にあるのは相手の心も自分の心も「シン」。つまり何の雑念もない新《しん》しいタイミングです。真《しん》の「新」でひとかけらの妄想も持たない無我無心の時に、お互いによく響きあう、通じ合うのです。

まっさらで生まれてきたばかりの真っ裸の新だけが通じ合うのです。

現実に見えるものは、みんなあらへんのや。勝手に自分でその姿をつくっているだけ。

自分自身が「他の人とぜんぜん違うやないか」と驚いたら、それだけでもう安心してしまいます。

安心、安定感というのは、心が一番ものすごいものだということを知っておかなければ出てこない。善だとか、悪だとかいっておったらダメです。

「あんなアホみたいな人を、なんで尊敬するのや。尊敬することない」そうじゃないんです。向こうとは違います。みんなこっちのことです。

現実に見えるものは、みんなあらへんのや。

自分がつくっているまっさらの姿です。

勝手に自分でその姿をつくっているのです。

心とはなんやがわからないから、しょっちゅう訪ねていく。それをしょっちゅう、やらなあかん。

平生から言葉だとか、姿だとか思ってしまうのが気にいらんのです。
それが、その人を小さいものにしています。
言葉とか姿などは、贋ものです。

心が、一番大事なんやとね。

心がなんやということがわからんから、しょっちゅう訪ねていくのです。
それをしょっちゅう、やらなあかんのです。
他のありもせんもの、仮のものを見ているのと違います。
ほんまものは、心なんです。
天からもらった光とエネルギーはほんまもので、それが心です。

自分の心探しのために、あなたは仕事をやっておられるんですよ。

現代は、本当の心をつかまえることができない人が多いのが欠点です。

「勉強って、なんなの」といったら、みんなはすぐ理科や英語だと思ってしまいます。

勉強というのは違います。新しい、自分の心探しが勉強なのです。

勉強させていただけるという喜びが起こることのほうが大事なのです。

先生の仕事は、金儲けとは違います。

会社の構造を大きくするのとは違います。

先生に言いたい。

「あなたは、自分の心探しのために、お仕事をやっておられるんですよ」と。

勉強するクセ、努力する習慣、これが年とってからの自分のボケ防止に役立つのですよ。

心が純粋だということが大事。心に養いをつけていくために、勉強があるし、仕事がある。

心といったとき、心が純粋、まっさらだということが大事なんです。
いま、みんな心の大事さを忘れてしまっている。
金儲けとか、会社の規模を大きくするとか、そんなことばかり考えているけど、
そんなものが邪魔になるのです。
心に汚れのない、生まれたての新しい養いをつけていくのです。
そのために、勉強や仕事があるんです。
これを忘れているから、いまの時代、ややこしいことになっています。

心が硬くなってしまって、にっちもさっちもいかなくなっている。

いまは、みんな心が硬くなってしまって、にっちもさっちもいかなくなっています。

だから、狼狽《ろうばい》という形のものが往々に出てくるわけです。

狼狽とは、狼が喉のしわを踏んだり、自分のしっぽを踏んだり、前後左右に動けない状態で、みんなそれにならってしまっています。

いまは、狼狽に持っていくような社会構造になっています。

そのようなものは、文化とはいいません。

強《こわ》ばった心では動けません。

あるときには陽が役に立ち、あるときには陰が役に立つ。陽も陰も味わってすっと構え、スカッと立つ。

人間には明るさと暗さ、溌溂《はつらつ》と停滞、陽と陰、生と死がすべて体に同居しています。

あるときには陽が役に立ち、あるときには陰が役に立ちます。陽を味わい、陰を味わって、すっと構えたときに、本当に平常心でスカッと立っている自分がある。その立つことが尊い。

立つ、坐る、この両方が相まっているところに人間の素晴らしさがあります。

「発明発露」という言葉があります。これは明らかに露《あらわ》れるということで、暗いところから明るいところへポンと出たときに、ハッと思うことです。

暗さがあるから、明るさがあります。
そこに出てくるものが尊いのです。
なにも明るさだけが尊いのではありません。

失敗しても、その失敗を楽しめばいい。
失敗するのが嬉しくなれば、もう失敗しない。

よく「初心忘るべからず」と言います。
物事に初めて相対したときの新鮮な気持ちを忘れてはならないということです。
ものに慣れ親しんでくると、つい緊張感を忘れて失敗する。

それをいさめている言葉です。

しかし、初心なんか早く忘れてしまったほうが、本当はいい。

初めてのときは、ものの見方が雑だし、コチコチに固くなっている。

だから失敗の連続になる。

失敗しても、その失敗を楽しめばいい。

失敗するのが嬉しくなれば、もう失敗しない。

下手に「初心忘るべからず」なんて言うから、せっかく慣れたのに前の失敗を思い出してしまいます。


失敗はみじめだった過去の自分です。

そんなものを思い出しても、いま生きている自分になんの得にもならない。

自分を縛るだけ。自分が落ち込むだけです。

あくまでも心ばっかりでつき合う。向こうも心やから、必ず通じる。

私が持っている英語や日本語の言葉を、アラビヤ語に直訳することになり、三人のアラビヤ人がおられたから、翻訳をお願いしました。

周りのみんなが、お礼を出さんとあかんと言います。

「お寺というものは金がないから、あんたに頼んでいるんじゃ。そんなもん、ただに決まっとるじゃないか」

と私が言ったら、「いまのは冗談や、冗談やで」と、相手の方が言うてくれました。

これは心が通じているからです。心は通じるのです。

私は、あくまでも心ばっかりでつき合っています。
向こうも心だから、ただでいいと言ってくれる。
そこに心が書かれている文章だから、それが通じるんやね。

心に迷いがあるのは、心の内が差別でいっぱいになっているから。

なぜ、心に迷いが起こるのか。
心に迷いがあるのは、心の内がさまざまな差別でいっぱいになっているからです。
「悟《さと》る」というのは、「差を取る」こと。
「差を取る」とは、「差別をなくす」こと。

「差別をなくすこと」が、「悟る」ことです。

これが理解できないから、ギスギスして、自分の内に円満を欠くことになる。

「これよりも、あれのほうに価値がありそうだ」

「あの人より、この人がきれいだ」

これらはすべて、上下、美醜、貧富などといった序列づけで、こうして自分勝手に価値判断を行っている状態です。

それが心の迷いを招いている。周囲の景色に引きずられている。

これが迷いの心です。

いつまでも「もういいかい」と、かくれんぼの良寛さん。その「大愚の精神」が偉い。

良寛さんの「大愚の精神」は、偉かった。

「大愚」とは、たいへん愚かなことです。

子どもたちとかくれんぼをして、良寛さんが鬼になりました。

「もういいかい」と言っているのに、子どもたちからの「まあだだよ」が、なかなか聞こえてこない。そのうちに、夜中になってしまいました。

良寛さんが夜中になってからも、いつまでも「もういいかい」をやっている。

すると、どこからかおじいさんがやってきて、

「霜が降りているじゃないですか。衣だって霜だらけや。
もう、だれもどこにもおらへんがな。
なにしてるねん。もう夜中ですよ。
はよ帰らな、風邪ひきますがな」
と怒られた。
「あっ、そうか」といって、良寛さんは家に帰られました。
良寛さんが偉いのは、そういうところです。
大愚の精神です。

人に見せたくない「愚」を虫干しにして出してやる。「愚」を天日にさらけ出し、日焼けさせる。

人間は、「賢」の部分も持っているし、「愚」の部分も持っています。
「賢」の部分は、理性とか知性とかの理論的な頭脳の働きがつくり出している。
「愚」の部分は、感性とか感情とかの非論理的な頭脳の働きがつくり出しています。
どっちが優位で、どっちが先だと考えてはダメです。
人間として生きるには、どっちもなくてはならないものだから。
優劣論で処理しようとするから、どっちが勝った、負けたで体を壊してしまう。
「賢」の理知が、「愚」の情感を押さえつけようとするからね。
感情が理性をハネのけようとするから、精神障害を起こしてしまう。
だから、人に見せたくないこの「愚」を、いつも虫干しにして出してやる。

陰干しではなく、思いきり陽に当ててやる。天日にさらけ出して、日焼けをさせて健康色にさせておれば、胃潰瘍で悩むこともなくなります。

一方、理性とか知性については、向上させるように生まれついているのだから、そっちの部分は自主性にまかせておけばいい。

己の「愚」に徹する。「愚」で「鈍」な部分にメシを食わせる。

己の「愚」に徹することです。
人間はどうしても、自分の「賢」の部分を養いたいものです。
どうしても利口になろう、人より偉くなろうと考える。

だから、「賢」の部分にばかりメシを食わせる。

そして、自分の「愚」の部分には気づかない。気づいても、ひた隠しにする。

「愚」の部分に触られると恥ずかしいし、腹が立つ。

こうして、いつも他人の目を意識して、自分本来の生き方を見失ってしまう。

自分のなかの愚かさを養い、「愚」で「鈍」な部分にメシを食わせれば、だれに見られようと、なんと言われようと腹も立たない。

生活も楽しくなる。

これが「養愚」という逆転の発想です。

物質が本物だと見てしまうと心が弱くなる。物と心とが、たがいに響き合うのでなければね。

昔は、自分の心に突きささるものがボーンとありました。
それは、ものすごく冴えたものでした。
生きいきしたものでした。それを取り返さなければならない。

いま、日本人の心がすごく弱くなってしまっています。
日本人は戦争中に、竹やりで心を壊してしまった。
戦後、物質つまり、向こうの景色が本物だと見てしまったからです。
物と心が一つになる姿です。

物と心とが、たがいに響き合うのでなければね。

行いについて問い質《ただ》す。質して初めてその人の持っている力が発揮できる。

中国の教えに、「格物致知《かくぶつちち》」という言葉があります。「格物」の「格」は、質《ただ》すという意味で、「物を質す」ことです。

つまり、物となって考え、物となって動く。その道すがら、自らに問い質す。実践することや行いについて、それを問い質すことが誠意のための工夫です。「致知」とは、人間が本来持ち合わせている知能を発揮すること。

これは、善にとどめるための工夫です。物を質して初めて、その人の持っている力が発揮できるのであって、そのような考え方です。

ありのままに、水のように、さらさらと淀みなく流れている人生を送る。

冬になったら冬の暮らし、夏になったら夏の暮らしをする。雨の日には傘を持って出る。天気のよい日は庭に水をまく。照る日、曇る日、それぞれを使いこなす。ありのままに、心を万境に従って転じ、水のようにさらさらと淀みなく流れている人生を送る。それがごくあたりまえにできる。

なにかことが生じると、うっとうしい気分になり、どうしたらそれを避けて通るかばかりに心を奪われると、ややこしくなります。

自然に逆らわずに生きるという言葉こそ、神に通じる。

もっと気持ちを楽にして、一度失敗したらもう一度やればいい。

豊かな心を養うとは、徹底的に足ることを足るとする自分があること。

徳川家康公は「足ることを知って足るものは、常に足る」と言っています。

徹底的に、足ることを足るとする自分があることで、平静な心でいられる。

「おれが言うても、あいつは言うことを聞かへん」

と言ったら、たとえ総理大臣でも、お坊さんでもやっていけません。

最近では、企業からリストラされている人がたくさんおられます。

大企業からリストラされて、タクシー運転手になっておられる方も、

「豊かな心を養うことが大事ですなあ」

と言っておられます。

こうしようと思うと、そのことにとらわれる。
こう考えまいと思うと、そのことばかりを考えてしまう。
リラックスしていれば、感度のいい自分。

沢庵和尚に、「心の置所」という言葉があります。
「心を何処に置かうぞ。敵の身の働に心を置けば、敵の身の働に心を取らるるなり。敵の太刀に心を置けば、敵の太刀に心を取らるるなり。敵を切らんと思う所に心を置けば、敵を切らんと思う所に心を取らるるなり。臍の下に押し込んで余所へやるまじきとすれば、やるまじと思う心に、心を取られて、先の用かけ、殊の外不自由になるなり」

こうしようと思うと、そのことにとらわれる。

こう考えまいと思うと、ついそのことばかりを考えてしまう。
それが心の働きというものです。
ところが、リラックスしていれば、感度のいい自分です。
次から次へと相手が言っていることもよくわかる。
「しっかりオレの目を見て話せ」と言われるから、なにも話せなくなってしまう。
リラックスしていれば、目はしっかり相手を見ていない。
体も右に左に動いているはずです。
揺れの世界、これがあなたの裸であり、本音の世界なんや。

豊かな筋肉がまん中にあったらいい。皮をはいだら骨に響くというのではあかん。

豊かな筋肉がまん中にあったらいい。
皮をはいだら骨に響くというのではあかん。
「おまえは、こんなことしたから罰金や」
とかね。そんな罰則の規定ばかりポンポン増やしたらいけません。
経営者の態度がギスギスしたらあかん。
心の豊かさがなければね。
その根本のところは、道義だと思います。

第三章　失敗してもいい

勢いのよい水の流れのような広々とした豊かな気を養う。

このごろ、元気がない、気が欠けている、気が飢えるとよくいわれます。

儒教の代表的な経典の一つに、『孟子』があります。

この経典は全部、心とはなんぞやです。

人が人として生きていく道とはなんぞやです。

この書は、人間が人間として生きるべき正しい道を説いています。

そのなかに、「浩然《こうぜん》の気」を養うのが何より大事だとあります。

「浩」とは、水の広々としたさまをいいます。

「浩然」とは心がはればれとするさま、ずんずん進んでおさえきれないさまをいいます。

浩然の気を養うのが大事という『孟子』の言葉は、勢いのよい水の流れのような広々とした豊かな気を養いなさいということです。

孟子による浩然の気の教えは、仏教が中国に渡る以前から、道を求める上でもっとも重要な心意気として、広く人々の心に根を広げていました。

人間として生きるべき正しい道を背筋を伸ばして生きるだけ。

人間が生きていくことにおいて、その生命の火種とは、気です。
浩然の気は、義をもって養うことができるのです。

義とは、「美しい」と「我」を一緒にしたもので、人間が人間として生きるべき正しい道です。

背筋を伸ばして生きることです。

浩然の気を体中にみなぎらせ、やる気いっぱい、活力に満ちあふれて生きていく。

そのとき、その場を、目いっぱい一所懸命で進めている実体です。

そこに程度とか、加減などといったものがあっては成り立たない。

気楽に恥をかけるという場所でなければあかん。失敗できる場所には、活気が満ちあふれている。

活気のない人間が出てくる原因は、そこの場所が失敗を許さないからです。

失敗してもいい。気楽に恥をかけるという場所でなければあかん。
失敗できる場所には、活気が満ちあふれています。
恥をかくことは、皮を切られること。
切られて自分の欠点が吹き出す。
これはせいぜい悪い血が出てくる程度で、傷はすぐにふさがります。
恥をかいて皮を切られても、骨まで切られることではない。
それを骨まで切られたと思ってしまうから、「もう、あかん。ダメや」になる。
恥をかいたから死んでしまおうと考える。
たった一つしかない自分の命を、投げやりに扱うことだけはやめてほしい。
そこまで追い詰めてしまう場所では、みんながダメになってしまう。

あなたには逆境のとき、パッと帆をあげるような頑張りが備わっている。そういう場所で鍛えられている。

人間だれにも逆境はあります。

あなたには、いままで必ず逆境があったはずです。

辛いこと、悲しいことがあったはずです。

楽しいことばかりの人生なんてなかったはずです。

そのすべての逆境が、あなたを「見性成仏」のところへ導いてくれたのではなかったか。

見性成仏とは、逆境のとき、逆にパッと帆をあげるような頑張りです。

毎日、うっとうしいものを背負って、どうしようかと努力しておられる。

そういう場所で鍛えられていきます。
荷物があまりにも重ければ、なんとか軽くしようと思い、工夫する。
これが、浩然の気を養うというものです。
苦しかった、逆境だった、これからも努力しようと思ってはいけない。
そう思えば人生は重たいだけです。
美しい自分の心を見てとるから、仏様の仲間入りができるのです。
軽い自分です。現在の自分をすべて発揮できる自分です。
それがあなたにちゃんと備わっています。

やましいことをしていたら、賢い知恵はすばやく出てこない。

広大な土地を持つ中国では、旱魃で米の収穫ができないことがありました。

米不足で値段が高くなると、高い米を持ってこられても困るから、米を売るなということになります。結果、米の値段が暴騰してみんな取り合いになる。

ちょっとでも高く売ろうとするんやね。

ところが、そのなかに一人だけ苦労してきた領主がいました。

「よそでは高い米を売らないでと言っている。

うちは米がなくて困っているんや。

高いとか安いとか言っていられない。

頼む。米が欲しいんや」

その領主のところには、値段に関係なく多くの米が集まりました。

しかし、みんな貧乏していて、金がありません。

せっかく持ってきた米を放ったらかしにはできない。結果として、その領主のところだけは安く買って、みんながお腹いっぱい食べることができた。

中国全土が大飢饉で、みんなが食糧難で困っているさなかに、賢明な領主に恵まれると貧しい人々も生き残れた。

領民の生死は領主次第。これが「敏智《びんち》」です。

「敏」とはすばやいこと、さといこと、かしこいことです。

敏智は、ふだんからやましいことをしていたら出てきません。

平生から心の雑草を抜いておく。人として生きる道に反することを全部抜いておく。

子どもが帰宅して親に、

「わしなあ、今日、田んぼの苗を早く大きくなるように、全部引っぱってきたんや」

と言うと、聞いた大人たちはびっくりして田んぼを見にいった。

田んぼの苗はみんな枯れてしまっている。

「なにをしてくれてんのや」

とみんなは言います。

急いで成功させようとして、無理に力を添えて、かえって害すること、それが

「助長」です。

伸びようとするものを、無理に引っぱるような育て方をしてはあかんのや。

そうではなしに、稲の周りにある雑草を平生から抜き取っておかなければならない。

「肝心のこの子自身に手を触れたら、値段は三文も安くなりまっせ（触り三文目）」と言いますが、触っていけなければ、放置しておけばいいか、ということになります。

ところが、それではダメです。

平生から雑草を抜いておくということです。

雑草とは、道義に反していることです。

雑草を抜くとは、人が人として生きる道に反することを、全部抜いておくことです。

やましいもの、やましい気持ちがあったら、そんなものは全部抜いておく。

正しいということを、いつもやっておくことです。

周りの評価を気にする必要はない。ありのままの姿をさらけ出すだけ。

浩然の気を中心に置いて、気のコントロールに心をくだく。
人間はたがいに、気と気のぶつかり合いのなかで仕事を進め、生きています。

相手も自分も、人生意気に感じて意気投合するとき、共に生きいきしている。
これこそ、気が合うということなんやね。
自分に対する周りの評価を気にする必要はないんや。

ありのままの姿をさらけ出すだけ。

意気は「息」であり、そして「生き」となって、永遠の生命に連結していくもの。

意気は「息」であり、そして「生き」となって、永遠の生命に連結していく。神仏を尊ぶのは、宇宙の意気、永遠の生命に触れることによって、己れの姿をみつめるためであり、自分の分をわきまえて自分にけじめをつけるためです。もし、霊魂というものがあれば、先人たちの意気がわれわれに伝わっていると表現するのが適切だと思う。

寺院とは、霊魂がさまようような薄気味悪い場所なんかじゃない。

意気が息づく、生きた生命が存在する場所です。

だから、寺院には観光客ばかりでなく、人生に行き詰まった人、悩みに行き詰まった人も多く来られます。

お寺の意気を感じていただいて、生きいきした姿を取り戻してほしい。

禅は、どこまでも、自分自身の生きざまを問題にします。

それが心意気です。

浩然の気を養えば、一難あったときにも動ずることはない。

浩然の気を養うことを平生からやっておく。

浩然の気を養えば、一難あったときにも動ずることはない。

どんな大事があっても、難を呑《の》んでかかることができます。

子どもは、浩然の気を持っています。

私が子どもさんに「1＋1は？」とたずねると、すぐに「和尚さん、1＋1でしょう？」と返事してくれます。

子どもさんは大人から「インフレ」と言われるとすぐに、「インフレ？　お待ち申し上げておりました」と返してくる。

子どもさんが持っている浩然の気とは、それです。

それに対して、大人が、

「わしをからかっているんか？」

という目で見てしまうのではいけない。


大人は、子どものようにはいきません。

「インフレ？　えらい時代が来た。困ったもんだ」

と頭を抱えてしまいます。

浩然の気とは、

「今日のために、私は親に頼んで生んでもらったんです」

という、あの子どもさんたちのキラキラ輝く目の光です。

先生は、その浩然の気を子どもさんからいただかれる。

だから、むちゃくちゃ偉いんやということになります。

大人が、子どもさんをお手本に、勉強させていただいているのです。

勉強させていただく中身が本物だから、尊いのです。

大事なことは、動いていること。活気のあること。常にコロコロと転じている状態。

あなたがいま、一番大事だと考えているもの。

それは本当に大事なものだろうか。

「あの先生は点数だけで人を評価する」とボヤくあなたには、やはり点数が大事だという心があります。点数さえ取れれば先生に認めてもらえるとね。

これは点数という枠にくくられてしまっているからです。

点数が大事か、大事でないか。そんなものどうってことない。

人間はそのときどきで、点数が大事と思うときもあれば、点数なんてなんだと思うときもある。人間はそのときどきで、自分の欲している風や流れは違ってくる。大事なことは、労作（骨折っていること）。動いていること。活気のあること。そういう状態の風や流れには、常にコロコロと転じている状態があります。点数を気にするときは、骨折っていない。動いていない。活気のない状態です。ちょっとした空気の入れ方が違ったら、コロリと変わるのが人間本来の姿です。悪い点数しか取れない自分はない。よい点数も悪い点数も取れる自分があるだけ。

自分が仕事をしたのではない。単に心を動かしているだけ、勝手に手が動いてやっているだけ。

私が原稿を書いているときに、仕事と言われて立ち上がります。仕事を終えて原稿に戻ると、自分は仕事をしたのだ、これを書いたのだと思ってしまいます。それがあかんのです。それが思い上がりです。途中で自分は仕事をしたと思っているわけです。そうではないんです。仕事などなにもあらへんのです。そうではなしに、さっと一気の心で積極的にやってしまったら、びっくりするようなできばえを拝めるわけです。

単に心を動かしているだけ、勝手に手が動いてやっているだけです。

あるのは行動だけ。理屈で留まらず、すべて行動に移す。

言葉とは違います。言葉は関係ありません。
そこにあるのは行動だけです。
それは生きいきした、溌溂としたものです。
本を読んで理屈で留まっているようでは、なんにもならない。
すべて行動に移さなければなりません。
そこが改革されないと、いつまで経っても同じことです。

言葉だけどんなに優れていても、行動が伴わなければ、ものごとは成就しない。

あなたは生命体として、あらゆる可能性を秘めて、起きても眠っていても、働きつづけている。

あなたはちゃんと、生命体として、エネルギー体として、あらゆる可能性を無尽蔵に秘めて、毎日、起きていても眠っていても、休むことなく働きつづけています。

まさに、自然のままに機能しているのです。

そのことが驚きなのです。それが尊いのです。

人は生まれてくるときも一人、死んでいくときも一人。
一人で来て、一人で去る。
その間に、人と人との交わりがあります。
それが人間です。人間本来の姿です。

「嬉しい、寂しい、孤独だ」と言いながら、
ちゃんと生きておられるではありませんか。

さまざまなことを考えようとする自分があります。
そこに矛盾が生じてきます。

他人に期待するのも自分の心、期待を裏切られて怒るのも自分の心。
人を信用しないというのも、孤独に徹することができないのも、すべて自分の心。
心には、決まった形などないんや。
あなたはすでに、そのようなことにはおかまいなく、
「うれしい、寂しい、孤独だ」
と言いながら、ちゃんと生きておられるではありませんか。
私たちすべて、一人ひとりがそうして生きているのです。

生きることは矛盾だらけ。矛盾を矛盾として生き抜く。

生きることは、矛盾だらけです。

だから、矛盾を矛盾として生き抜くのです。
この矛盾のなかから、両足をふまえた活気が生じてくるんやね。
考えてみれば、エネルギーのもとをただせば、プラスとマイナスで矛盾そのもの。
だから、矛盾を気にせず、堂々と生き抜くんや。
そのためには、浩然の気を、いつも養っておかなければなりません。

「これは道でない」と思うところを歩かない。それでいい。それがその人の本当の道。

自分で「これは道でない」と思うところを歩かないようにする。
それでいい。それがその人の本当の道だと思います。
筋道なんかありません。
自分でこれは道をはずれていると思ったら、それをしなさんなというわけです。
自分に対して正直に、自己を尽くすことだけに焦点をしぼるのです。
そのためには、自分を精いっぱい鍛える。
心に養いをつける。
心胆を練る。

積極的に現場に出る。

これによって、思いがけないような失敗や成功が出てきます。

「ゆくりなくも」というのは、理由はないのに、思いもかけずということであって、筋道を説こうとするのはおかしい。やましくない行為をしなさいということです。

それで十分に道だということです。あなたにとってやましくない行為であったら、それを道として認めますというわけです。

第四章　背伸びしないでいい

いまこそ、行動がほしい。その基本となるのが精神であり、心だ。

体を動かさなければ、行動しなければやっていけない時代です。
心は、行動となる。
行動は、習癖をつくる。
習癖は、品性をつくる。
品性が、運命を決する。
いまこそ、行動がほしい。
その基本となるのが精神です。
いまの人は、精神が取られてしまっていることに気づいていない。

精神だけが偉いやつなんだ。

それをちゃんと行動で伝えていかなければいけないと考えます。

「いま」と「ここ」でしっかりやる。人に押しつけられない場。自分で精進するしかない場。

私はよく、「現場に行け」と言います。

現場とは、「いま」、「ここ」ということです。

「いま」と「ここ」でしっかりやる。

「いまだから、これができる」

「ここだから、これが成り立つ」

現場とは、あくまで自分の勉強の場です。
人に押しつけられない場です。
自分で精進するしかない場です。
自分で勉強しているから、ほかの場でも立派にできます。
昔から、ひとつのことができる人は、どれをやらせてもできると言います。
まさに、このことを言っています。

混じり気がなくなれば、心にはゆとりや幅が出てくる。ゆとり、幅のある人の下に人は育ちます。

精神の「精」、精進の「精」とは、精米所の「精」です。
混じり気のあるものを除いたものが「精」です。
ご飯に石が入っていたら食べられへん。精米すると石が飛ぶ。
石が飛んだあとの米が精なるもの、純粋であるということです。
いつでもどこでも、この素晴らしい心境にあるということです。
不足することのない中正の道を歩くことです。
つまり、なにごとにも偏らず、程度を過ぎてはいけない。
混じり気がなくなれば、心にはゆとりや幅が出てきます。

ゆとり、幅のある人の下に、人は育ちます。
邪心の人の下では、人は育ちません。
心にゆとりのない人を上にいただいて、ゆとりのある人がその下で進言する。
これが大体、上の人と下の人との関係なんです。

人生の曲り角ではスピードを落とす。そのまま突っ走ってしまうから、一生を台なしにする。

マイペースのなかで、だれもが一生懸命、いっぱいいっぱいにやっておられます。
その積み上げとして、今日の人間の姿がある。
そのマイペース以外の不安定な心の動揺のなかでは、一生懸命にいっぱいいっぱいにやっていても、なんの積み上げにもなりません。

理路整然としているより、転々と転じて楽しい気分が盛り上がるほうがいい。

勉強だ、仕事だ、運動だと駆けずり回っているうちは、たしかに生きていますが、走っている車も曲り角でスピードを落とす。ところが、こと人生になると、曲り角でもスピードを落とすのを忘れてしまう。


そのまま突っ走ってしまうから、一生を台なしにする。

曲り角でスピードを落とせない人間はダメになってしまいます。

ひたすら自己を燃焼し尽くして、きれいな灰を残す。

地位にこだわるのではなく、その立ち場、置かれた状況で全力を尽くす。

ひたすら自己を燃焼し尽くして、きれいな灰を残す。

それが人間の正しい姿勢であり、そのための精進です。

よい炭ほど燃え尽きたあとの姿は立派で、安い炭のように崩れたりしません。

年輪の形までそっくり残ります。

自分に息を吹き込んで、自然な姿で完全燃焼する。これしかありません。


おだてられたり、蹴落とされたりして、一喜一憂するから、マイペースが狂って自分で行き詰まった壁をつくり上げてしまう。

人生は川の流れだから、流れに逆らうことは許されない。逆らえば反動が来る。

自分の急流をしっかりと乗り切るだけです。

自分の流れを乗り切って生きる。

そういう悠然たる自分でありたいと思います。

可能性には限界というものがない。出し切れば出し切るほど、無限の力が出てくる。

人間の可能性には、限界というものがないんや。


自分の持っている力を、そのとき、その場で全部出し切っても、それで空っぽになってしまうことはない。

出し切れば出し切るほど、無限の力、天井知らずの可能性があふれてくる。

反対に、自分の能力を手加減し、出し惜しみをすればするほど、心が貧しくなる。

そんなときの自分にかぎって、他人に頼っています。

くだらないアホな自分になりさがっています。

背伸びをしたり、無理に力を競おうとしない。自分を信じて、自分を好きになる。

背伸びをしたり、無理に力を競おうとしないことです。

もっとも大切なことは、自分を信じて、自分を好きになることです。

「一心不乱にやってみたら、難しいと思っていたことができた。そんなら、別のことだってできる。きっとできる」と思ったとき、日常はそれまでと、どこか変わって楽しくなる。

後ろ向きで、過ぎ去った過去ばかり見てきた自分から、いま、目の前でできることだけに目を向けるように変わります。

器が大きい人間は、目の前の小さな欲望には惑わされない。

人間は無欲になれと言われても、なかなかできない。

だから、さまざまな欲があることを、しっかりと捉えておくことが大事です。
自分がどんな欲を持っているかを、正確に知っておくことやね。
欲望の程度を知ることは、欲に溺れないための自衛策。
欲というのは、まったく際限のないものだから。
欲望を管理することが、己を知ることです。
欲に目がくらんだ人間は、結果として必ず損を招きます。
「大欲は無欲に似たり」

ほんとうの意味の「大欲」とは、あまりに器が大きいために、目の前の小さな欲
望には惑わされることがないということ。
それが周りには無欲に見える。

過ぎ去った一瞬を否定して、新たな一瞬に向かって進むだけ。

他人は過ぎ去った過去のあなたを評価する。
一瞬たりとも、現在のあなたではないんやからね。
過ぎ去った一瞬を否定して、新たな一瞬に向かって進むだけ。
絶えまない自己破壊と自己改革を繰り返しながら、私たちは生きている。

自力は自然な力であって、努力とは違う。努力だけでは息がつまって死にそうになる。

禅とは、自力の教えだと言われます。

自力とは、自分で努力して仏に至ろうとするのとは違います。

自力とは、自然な力を言うのであって、努力とは違います。

努力とは、「ああしなければならない」「こうしなければならない」と、あれこれとらわれて頑張ることです。これはダメです。

このような生き方では、息がつまって死にそうになる。

結局、くたびれるだけで、思うような成果は出てきません。

精神の自由を得るためには、花になり、水になる。天地自然と一体となった自分。

自然の力というものは、放っておいてもできる偉大な力です。

だから、楽しみながら力を発揮できる。

植物の種を土にまいて水をやると、自然に芽を出します。

根を張って、やがては精いっぱいに花を咲かせます。

種の働きは、芽を出さなければならないとか、花を咲かせなければならないなどと思って頑張っているのとは違います。

放っておいても、条件さえ揃えば、自然に生長して花を咲かせます。

このような力が自力です。

精神の自由を得るためには、花になり、水になることです。
そうすれば、自我が滅却できる。
天地自然と一体となった自分が、永遠不滅の真実の自己なのです。
自然の力を応用しなければ、いくら力んでも成功しない。
だらだらやっているようでも、自然の勢いに乗ればいい。
そうすれば、すべて難なくこなしていける。

今日一日しかないと一日を充実させていく。次に来る日は、驚きと感動！

「日々是好日」とは、よく親しまれている禅語です。

一般には、毎日、可もなく不可もなく、心に動揺のない日々を送ることができれば幸せというように解釈されているけど、これは違うんやね。

毎日、なんもない人生であれば、幸せどころか退屈きわまりない。

「日々是好日」とは、毎日が驚きの日々を過ごすことや。

「今日は、こんなに体調がいい」

「今日は、バリバリ仕事がはかどる」

「今日の食事は、おいしい」

と、充実した一日を楽しんでいくことです。

その楽しみ方も、明日も楽しくあれ、あさっても、ずっと将来もというように、楽しみを先に期待するから、アテがはずれる。

私の人生は今日一日しかないと思って、その日一日を充実させていく。

そうした日々を積み重ねた連続が、楽しい人生、充実した人生になります。

悲しい過去も、楽しい思いも、そのとき、その場で忘れ去ってしまう。

そうすれば、次に来る日はいつもフレッシュで、驚きと感動の連続です。

火事で家を焼いてしまっても、「よくここまで頑張ってきた。これがほんとの姿」と、じっと見ている人がほんまもの。

破産してもかまわない。また、火事で家を全部焼いてしまってもいい。

そこに安らかな心があったら、自分の家が焼けているのに、

「ここまで一生懸命頑張ってきた。これがほんとの姿やったんだなあ」

と、じっと見ている姿です。

その姿を見ていたら、その人に対して、

「おまえ、そんなことしていていいのか」

という言葉は出てきません。


その人の心の清らかさに、こちらは「ほっ」とします。

「この人の姿が、ほんまものなんだ」とね。

「他人に寛大で、自分に厳しく」は違う。「自分に厳しく」だけでいい。

「他人に寛大で、自分に厳しく」などと言うが、これは違う。

「自分に厳しく」だけでいいんや。
ここには、他人というものはない。
どこまでも自分だけがあるのです。
他人を許す、許さぬより、まず、許せない自分があります。

戒律は、他人に向かって叫ぶものではない。
他人を説き伏せる仏法など、あるわけがない。
戒や律に対して挑んでいくところに、新鮮な自分の血液が湧いてくる。
そうでないと、スズメの声一つにしても、新鮮にチュンチュンと響いてこないんや。
自分のことを棚に上げて、他人に憤りを感じるのは、恥ずべきことです。

枠のなかで動くのではなく、自己の内側から湧いてくる自分を尽くせば、精神の切り替わりが生まれる。

自分で勝手に枠をつくってしまうのがいけない。
「あんなやつと、おれはなんでもの言わなきゃいけないのか」
と、勝手に自分の枠をつくってしまっています。
枠のなかで動くのではなしに、自己の内側から湧いてくる自分です。
そのような自分を尽くせば、精神の切り替わりが生まれます。
親に生んでもらった自分を、精いっぱい尽くしていく。
あなたは、それに切り替わるようになっています。
これまで、そういう自分に切り替わってきたわけやからね。

動かないほうに、水が流れないほうにと、締めるほうの側ばかりにやってきたら、今日のあなたはないわけです。

心とはもっとフリーなものであるのに、自分で素晴らしい心を壊してしまっています。

本当に信じていたのなら、裏切られたっていい。灰になるまで信じ切れ。

信じていた人に裏切られたという。
おっと、待ってくれ。ほんとうに信じていたのかと言いたい。
本当に信じていたのなら、裏切られたっていい。

灰になるまで信じ切るのが誠の信義だとね。

私が彼を選んで手伝ってもらったのは、それと見込んだからです。

彼のミスは私のミス。信義とは、こういうものです。

裏切りをなじる前に、自分が軽率に信じた不明を責めることやね。

ほんとうに信じるということは、おたがいに最高に頑張っている者同士にできます。

「うちの若い者は、こちらが血眼になって仕事をしているのを、横でぽかんと見ているだけや。イヤになってしまうんや」

と、自分の気持ちをわかってもらえないと、イライラしている人ばかりです。

その若い者もまた、同じようにイライラしている。

「ちっとも仕事を回してくれない。やっぱりおれを信用していないんやね」

と　それでは、あかんがな。

本当に信じていたのなら、裏切られたっていいじゃないですか。

ついている自分を拝み、ついている自分に感謝する。グチが出てきたら有難く思うのや。

ついている自分を拝むということです。

ついている自分に感謝することです。

マイナス感情は、秒数がカッチンと動く「カ」のところで、すでに切れている自分でなければあかんということです。

「カ」と「チ」のところで、ころっと変わってしまっている自分です。

グチを言わない自分を探すためには、グチが出てきたら有難く思うのや。

グチが出そうになったら、ほかのことを言わないで、グチばかり言おうと努力したらいい。

グチ以外のものは、絶対言わんと努力する。

そうすれば、しまいにアホらしくなってきてグチを言わなくなります。
アホらしくなって、「なんや」ということになる。

もともとあなたは、道険しくても笑顔で進めることができる方なんだ。

グチばかり言っていたら、自分が食っていかれなくなる。
グチを言わなければ、穏やかな笑顔で生きられる。
もともと、あなたは、道険しくても笑顔で進めることができる方なんです。
どんなに道が険しくても進める方なんです。
できないのは、なんか勘違いしておられるからです。

自分をそういう人間に切り替えていかなければね。

心のバランスがくずれ出したら、
体や心を自然のままにまかせる。
考えるより勝手に歩かせれば不思議な力が湧く。

変わりようがないと自分の心を縛っている間は、絶対に変わりようがない。
あなたの体のなかには、積極的な心がいつも生まれているのです。
残念なのは、そのことに気づかずに殺していることなんです。
そして、次第に消極的な自分をつくり、心を閉じ込めてしまっている。
体内から自然につくり出された積極的なエネルギーが、湧き起こっています。

その積極的なエネルギーと、枠のなかに閉じ込められた消極的なエネルギーが、たがいに折り合いがつかなくなってしまうから、心のバランスがくずれ出す。

このバランスを調整するには、刻々と生まれ変わっている新しい力強いエネルギーを、まっすぐに表現すればよいだけです。

それを封じ込めてしまうから、自分の性格や実力を屈折してとらえてしまう。新しいエネルギーで生まれている体や心を、自然のままにまかせるのです。考えるよりも、勝手に歩かせる。

すると不思議に力が湧いて、やる気が起きてきます。

人生が苦しみばかりの連続であったら、人間という種族は地上から滅んでいた。

苦と楽との繰り返しのなかで生きているのが人間です。

「苦しみのあとに楽がある」

という言葉は、人間が生きていく本質をついている。

もし人生が苦しみばかりの連続であったら、もしその苦しみを忘れることができなかったら、人間という種族は地上から滅んでいたと思います。

「苦しいな。しんどいな」と思うと同時に、それを楽しんでいる心がある。

「そんなバカな。苦しいときはほんまに苦しいんですよ」

と言われる。たしかにそうです。

そんな人でも、この苦しみを乗り越えれば、きっと楽しいことがあると、心のなかで無意識のうちに思っているのです。

人間には生まれながら、苦楽のバランスが十二分に備わっている。苦に親しみ、楽に転じるものが備わっている。

苦楽、楽苦の繰り返しのバランスは、言葉や理屈で作用しているのではない。人間は、巧みにそのバランスをとっています。

人間には生まれながらにして、苦楽のバランスが十二分に備わっている。苦の苦しみに溺れることなく、苦に親しみ、楽に転じるものが備わっている。

さらに、その楽からまた苦が生じ、この繰り返しが人生なんです。

大事なのは、心を切り替えることができるかどうかなんや。

学生・生徒さんでも、素晴らしいクラスは、切り替えの効くクラスです。

笑ったり、騒いだりして「やかましい」と思ったら、なんとすぐに静粛に耳を傾ける。

なんと、なんと感じ入るばかり。

第五章　前進さえしていけばいい

本当の教科書とは、人間そのもの。その手本ほど有難いものはない。

本当の教科書とは、人間そのものです。
百一歳でお亡くなりになった、おばあちゃんの葬式に行かしてもらいました。
田舎のどうにも歩けないようなところでした。
京都からずっと遠いところに、よう来てくれはったなということでね。
私には、おばあちゃんをお手本として、安心感があるんやね。
「わし、ひょっとしたら、こういうような死に方できるのと違うか」と。
そのおばあちゃんは、歴代の総理大臣の黒幕であられた怖い人です。
トップばかりを集めて説教しているような、近づくこともできないような人でね。

その死顔に体を持っていったら、自然に自分がこういうふうに百一歳まで生きられるのではないかと思いました。

本当の手本というか、本当の教科書を見ました。

その手本ほど有難いものはありません。

知を極めるには、そこに体を持っていかなあかん。自分が真っ白な心でなかったらダメ。

知を極めるには、そこに体を持っていかなあかん。

亡くなられた人のところに体を持っていくとき、ほんとにその人の有難いものがもらえるわけです。

実際に体でそれを感じます。
だから、手本ほど偉いものはない。まさに、実物そのものです。
そのなかにごっつい心がおられるのやから、その心を頂戴するのやからね。
この自分が真っ白な心でなかったらダメです。

周りに師と仰ぐ人がいないから、道をはずしてしまう。

周りに師と仰ぐ人がいないから、道をはずしてしまう。
お手本となる人がいないからです。

師として認めることのできない人ばっかり出てきている。

昔は、鳥でもチョウチョウでも山でも川でも、みんなお師匠さんばっかりでした。

そのへんの壁や柱もぜんぶ、お師匠さんだった。

ところが、最近では一人として師はいない。

「憐れむべし　大唐国裡に禅師なきことを」です。

ところが、周りはくずばっかりやと思いあがったら、自分に教えてくれるような師匠なんておらへん。おれが一番えらいんじゃないかとね。

だから、絶対矛盾の自己同一というのが禅宗のえらいところです。

逆がそのまま生きるのです。

「無臭の臭を持ち来たれ」というようなね。

いまは、大人にならない大人ばっかりや。

師匠として仰ぐ人間がいないということです。

「あんたが一番なんや」ということです。

話を聞いただけでは学問にならない。とにかく行動する。取りあえず対応する。

大学で「禅と日本文化」という話をやらせてもらっています。

文化とは心であり、精神こそ大事です。

学問の目的とは、一体なんぞや。

それは人間が真の人間になることだと、大学で話をさせてもらっています。

話を聞いただけでは学問にならないし、知っているだけではあかんから、みなさんに実行していただこうというわけです。

大事なのは、自分はどう対応していくかです。

講義をさせてもらってから、どういう喜びを感じているか、具体的に生活のなかでどういう変化があったかなどについて、あとで書いてもらっています。

みなさんが、老化した私を若返らせるような素晴らしい感激の言葉を書いてくれます。

純粋な先生は、生徒さんから智慧をもらう。

いまは、人間不在の教育だといわれているからね。
とくに、先生と生徒の師弟の関係がややこしくなっている。
悪いものは他にあるのではない。
「すべて自分のなかに、よごれているものがあるからだ」と気がつくのが学問です。
そのようなものの見方をするといいですね。
そうすれば、先生というものは、絶対に大事だということがわかります。

学問よりなによりも、先生がいなければやっていけない。

ところが、生徒さんが見る純粋な先生が少ない。

生徒さんから智慧をもらうのが、純粋な先生です。


そんな先生でなく、思い上がった人が多いのとちがいますか。

先生だけでなく、親、経営者、政治家などがそうなっています。

なかなかほんものの先生というものを見つけることができません。

先生といわれるその方自体の心を練り、心に養いをつけることがなかったら、どうにもならんのが、この世の道理じゃないですか。

うちの子どもが悪いのではなく、大人の心が偏向してしまっている。

大人は、自分の精神が片寄ってしまっていることに気づいていない。

売り手が買い手の身になって動くように、買い手も売り手の立場になって喜んでもらおうとする。これが自然な状況なんやね。

それがいつのまにか一方に偏向してしまっている。

「うちの子どもは」とか、「世間は」とか、「政府は」とかいうのとは違うというわけです。うちの子どもが悪いのではなく、大人の心が知らないうちに偏向してしまっているのです。

それを、いまの大人はわかっていないから、子どもをダメにしてしまう。

元気を出すには、勉強するに限る。ほんまものは、なにかを探すのが勉強だ。

ほんまものは、なにかを探すのが勉強というものです。道を修めるということです。

ほんまものって、なんだろうと考えるとき、それは数学や英語と違います。

本当のものとは、「人間が人間として生きる道は、一体、なんだろうか」ということを探すことです。そして死んでいくのです。

それが本当の勉強だということを、私も人前でさせていただいて知ったわけです。

また、それがいかに尊いかを学びました。

いまの人には元気がありません。

元気を出すには、本当に自分自身が勉強するに限ります。

その意味で、昔の人たちが勉強した漢文をするのがいいと思います。

勉強するとは輝かしい徳を身につけること。自ら骨折って体得するしかない。

昔の人が学んだ「大学」には、すごいことが書かれています。

その最初に、「大学の道は、明徳を明らかにすることにある」とあります。

「明徳を明らかにする」とは、わが身の修養・努力によって、道徳の発揚を目ざすという意味です。

「勉強する」とは、なにを学ぶことなのか。
それは、輝かしい徳を身につけること。
それを外部に向けてさらに一層輝かせること。
ただ口で言うだけでなく、みずから実践すること。
それによって、人々が和合し、親睦をはかり、平和を実現できること。

昔の人は、そういうことを説いています。

学問をすれば、さっきの自分と次の瞬間の自分とが違ってしまう。勉強の材料や素材をいつも整理整頓しておく。

だれにも可能性となる材料がいろいろあり、素材がそろっている。
それらを使ったら、使いっぱなしにしておいてはいけない。
今度使おうというときは、いつでも使えるように整頓しておかなければならない。
整えておかなければならないということです。
学問とは、無我無心の世界です。

学問をすれば、さっきの自分と、次の瞬間の自分とが違ってしまっています。
だから学問は面白い。己れを切り替えていくから面白い。

目がまっすぐ前を向き、姿勢が整っているとき、初めてそこに知が出てくる。

物事に動揺せずに、ビクともしない心、平静でいられる心が不動心です。ビクッとしたら、もうこちらが負けている。

僧堂前で差し向かって坐禅をするとき、その堂の軒が傾いて見えるようではダメです。

目は、まっすぐ前を向いていなければいけない。

まっすぐでなければ、自分の姿が傾いていることになります。

まっすぐならば、数学とか英語とか仕事とか与えられて初めて、そこに知が出てくる。茶椀を手に持ったら、これは飲むものだとか、素直なほんまものの知恵が働く。

そのような場のほうが、ずっと有難い。

その場をもらうと、こいつが空で、なにもないので、そこにいってちゃんと自由に動くわけです。

それが整っている状態です。

道を聞くこともなく、道を実践することもなければ、生きるという意味がわからず生涯を終える。

人生の目的について、孔子は言っておられます。

「朝に道を聞けば、夕《ゆうべ》に死すとも可なり」

人生とはつまり、道を聞いて、これを自分で実際に行うことである。

朝に道を聞いて、それを体得できるならば、夕方になって死んでも満足すべきだ。
人間というもの、どれほど長生きしても、その人が正しく生きる道を聞くこともなく、その道を実践することもなければ、生きるという意味がわからずに、生涯を終えることになってしまうということです。

この場合の「朝」「夕」とは、ほんの少しの短い時間です。
その短い間に、素直な子どもの心を学ぶことや。

子どものころに持っていた心、その本質を取り返す。それを認識することが、道を修めること。

子どものころに持っていた心を、その本質を取り返そうというわけです。

子どもをお手本にすることなんやね。

故郷へ帰ってみませんかということです。里帰りです。

子どもは、生まれながらに素晴らしいのに、親自体が持って生まれたものに気づいていないから、ややこしくなります。


自分は本来それを持っている。

それを認識することが、道を修めることです。

どんなに障害があっても、それにひっかからず、目標に向かって一途にやれば、いずれは到達できる。

人は、必ず道を得ることができます。
仏道の大海へと到達するには、さまざまな障害を乗り越えなければならない。
道が高ければ、魔も盛んです。
いろんな障害があっても、それらにひっかからずに一途にやる。
そうすれば、大海まで到達できます。
お釈迦さんが修行した過程にも、女を始め、さまざまな邪魔が入りました。
手塩にかけた弟子でも、身にしみてやっていないと、教えを感じ取れない人もいた。

人情に乱されることなく、目標に向かってただ一途に精進する。
それが仏道の大海へと行く神髄であり、極意です。

仕事も勉強も低きより高きへ、浅きから深きへ。

「下学《かがく》して上達する」という言葉があります。
これは昔の人の本に、たくさん出てきます。
「下学」とは、謙虚に腰を低くし、下坐行《げざぎょう》をよくすることです。
だから、大人が子どもよりも偉いなどと思い上がってはいけません。

また、会社でも経営者が従業員の資質を高めるといいますが、従業員の資質よりも会社そのものの資質を高めることです。

経営者が、「こらっ！　おまえらは、なにをやっちょるんや」ということではダメです。

すぐに修業し直してこいとか、罰則を与えるのはダメです。

間にクッションが必要です。

経営者は、ゆとりある資質を持っていなければね。

人間は、思いもかけず、摩訶不思議というやつでできているのです。

仕事も勉強も、低きより高きへ、浅きから深きへということです。

だんだん上達するのではない。もともと目標を達成して生まれ出ている自分がある。

上達するということを、いまの人たちは間違ってしまっています。
「上達」とは、「思いもかけず」、「ゆくりなくも」ということです。
その意味は、アホが勉強して賢くなるということではない。

上達とはだんだん上達するのではなしに、その人が生まれながらに持っている、他の人にない素晴らしいものを拝む状態です。
もともと目標を達成して生まれ出ている自分があります。

上からでなく、すっと下からいく。この仕事のために私は生んでもらったと、下からやらなければあかん。

この仕事のために私は生んでもらった。その心からやらんとあかんわけです。

心からやれば、不思議にすっと目的地に到達します。

上からでなく、すっと下からいくのです。

下からやらなければあかん。

初めから目標は達成している。だから、今日があるわけです。

周囲を敵に囲まれていようとも、本人は知らん顔して、そこの場所を、運よく、上手に通り抜けてきているのですからね。

過去にやってきたことに対して、大層に自慢しようとするなどとんでもない。

チョウチョウでもトリでも、初めから完璧なんです。
目標を達成しているわけです。
「案ずるよりも生むが易し」とは、このことですな」と、私は説明していきます。
ところが、「これだけやってきたんや」と自慢ばかりしています。
自分が過去にやってきたことに対して、大層に自慢しようとする人は、
「努力したから金儲けができた」とか、
「頑張って勉強したから今日がある」
などと言いたがります。これはとんでもないことです。

「もっと頑張らなければならないことが、たくさんありまっせ」と言いたい。

「ほんま、運がよかっただけじゃないですか」

「ツキがあっただけじゃないですか。誰かのお陰じゃないですか」と。

ツキとは全部、摩訶不思議でできています。

姿とか言葉ではなく、心だけの問題です。

前進さえしていけば、いつか必ず頂上に到達することができる。

昔の人は、人間があるべき姿の根本である道についての本を、夜、枕元に置いて、執拗に勉強していたんやね。

いまは、言葉だけがあって、体験がないのや。それではあかん。
全部、体験でなければならない。
文字の解説をこっちからこっちへ移したら面白くない。
下手な言葉でも、ほんまに心に訴えるような言葉でなければあかんからな。
山登りでも、一歩、一歩、足を進めていく以外に、前進する方法はない。
前進さえしていけば、いつか必ず頂上に到達することができる。
仕事が辛い、勉強がいやだという逃げからは、なんも生じてくることはない。
いま一歩の前進から、辛い仕事が辛くなくなり、いやな勉強も好きになる。

死んでしまってからでも勉強だという意気込みでなかったら、ほんまものとは違う。

会社で働いている間だけが仕事だとか、学校に行っている間が勉強だとか、そんなことを言っているのとは違います。

棺桶のふたをしてしまうまで、悪人であっても善人になるし、善人であっても悪人になるというように、そんなこと決まっていないんやからね。だから、死んでしまってからでも勉強だという意気込みでなかったら、ほんまものとは違うわけです。

それはもうぜんぜん違うところを歩いているわけです。

棺を覆うて初めて知るというところで、勉強しなければあかん。

道を行ずる場所が体であり、体がそこの道場でやっている。

手、足、耳、目は、みんな修行道場だから、それらで勉強さしてもらう。
本格的にこいつというやつ、どえらいお方を拝ましてもらう。
あなたの道場には、立派な方がおいでになるのだから。
道とは道場だし、体が道場というのが道です。生活をする道場です。
職場とか学校とかは違います。家庭とは違います。
体が道場で、道を行ずる場所です。
道を行ずる場所が体であり、体がそこでやっているのです。

知恵とは、なんどきでも燃え立つ意気を生じさせる根源。自分自身と向き合うことによってのみ身につく。

仏教の言葉で、「分別苦」といえば、さまざまな知識のことです。ものごとにとらわれることによって生ずる苦しみのことです。実際、知識が増えれば増えるほど、人間は迷いに引きずり込まれやすくなります。こうした知識に対して、もう一つの心の働きがあります。それが知恵です。

「あの人は、なかなか知恵のある人だ」といえば、知識には乏しくても、いざというときに行き詰まることがない。

生きいきした知恵は、たんなる知識とは違います。

人間の温もりがあります。なによりも生きています。
知恵とは、なんどきでも燃え立つ意気を生じさせる根源です。
知恵があれば、自ら生み出すなんらかの力を備えているからね。
知恵は、持って生まれた自分自身に内在する適応性を信じたところから得られます。
知識の発達と知恵の発達とが、両者うまくかみ合わなければ本物ではないんや。
そして、知恵とはみずから開発するものです。
決して、他人から教えられたり、伝えられたりするものではない。
ただひたすら、自分自身と向き合うことによってのみ身につくものなんやね。

第六章　空で生きられるのが有難い

スッポンの目と女性のにらんだ二つの目が出てきて、祈祷に心がこもらなくなってしまった。

勝海舟は、気が楽なときに、自分がつくった野菜などを近所の人のところへ持っていったりしていました。それをいただいた人が、勝海舟に告白します。

「こんなに親切にしていただいても、なんのお礼も返すことができません。やっぱりなにかお返ししたいから、正直に話しましょう。

実は私、こんな恰好をしていますが、元は神主で、祈祷師もしていました。

それがどんどん当たって、それで自分になんぼでもお金が入ってきたんです。

あるとき、美しい女性が相談に見えました。

貧しくて家族が飢え死にしそうだから、なんとか助けてほしいと頼まれましてね。

つい、情を持ってしまい彼女を抱いてしまったのです。

それで祈祷したら、彼女は富くじに大当たりをして、やっと貧しさから抜け出せた。

彼女は、お陰さまとお礼に来ました。

ところが、また、彼女を抱きたくなってしまったのです。

前とおなじように抱こうとしたそのときでした。

『あなたに助けていただいたから、お礼に来たんですよ』

と彼女が言って、ガーッとにらんだ。

スッポンの血でも吸おうと思って、スッポンの甲羅を手にかけて、首を出したところを突き刺そうとした。

その途端、スッポンは『おれを殺すのか！』と目をむいて、にらみつけた。

それ以来、スッポンの目と女性のにらんだ二つの目が出てきて、どうも祈祷がうまくいきません。心がこもらなくなってしまいました。

それでこのように貧乏の極に達してしまったのです。

家もなくなって、明日にもほうり出される状態です」

お礼とは心を引っさげてくるものであって、金品では解決できない。

お礼とは心を引っさげてくるものであって、金品では解決できない。

お礼というときには、そこにはなんもないわけや。

「ほんとに清らかな心をもって来ているのに、あなたはまた私を汚そうとするのか。私の主人に対して、そのようなことは許されない」

そう言って、女性はガーッとにらむわけです。

その目の光です。それが覇気なんやね。

そのとき、勝海舟に元祈祷師は言いました。

「あなたは将来、いろいろ仕事をなさる人だろうけど、一番怖いのは気が飢えるということではないでしょうか」

「おれ」があるから、「あいつ」があるという考え方を全部消してしまうのが礼。

形でなしに、心です。

「おれ」があれば、「あいつ」がある。そんな考え方を全部消してしまうのが礼です。

礼儀正しい人というのには、「おれ」や「あいつ」という存在はない。

たとえば、イスラムの人たちが祈っているとき、同じ場所にいたら、それと同じように真剣に祈る。

イスラムの祈りを日本の方たちも、宗教がどうのこうのと言わないで、みんなやってほしいと思います。

服従とは違います。

自分の心のなかに、いわゆる「意なく、必なく、固なく、我なし」とおっしゃるなら、ほんまにやってみなはれというわけです。

同じときに、同じことをやらしてもらっているというのが礼。

礼とは、同じようにやることです。

翻訳の手伝いをしてくれたイスラムの方々と祈る前に、お手洗いでいっしょに手を洗います。

イスラムの方々は、手を洗うときにはまず、左手から洗って、右を洗う。

向こうが左手から洗うといったら、こちらも左手、右手といったら右手。

同じときに、同じことをやらしてもらっているというのが礼です。

学ぶというのは真似ることで、そばで見ているのとは違う。ほんまに向こうの心と一つになること。

イスラムの方々は、お手洗いで手を洗ったら口、鼻、目、耳たぶに水をつける。
そして、足の裏まで全部洗う。
これを、私もいっしょにやるのです。
学ぶというのは真似ることで、それが礼です。
そばで見ているのとは違います。
相手は先生だから、同じように、いっしょにやるわけです。
それは有難いですよ。
ほんまに向こうの心と一つになれます。

ひやかしの目で見ていたら、心は出てこない。
まことに心と心だけで、自分がその人の心と一つになってやっている。
だれもが、やれるのです。
それが、いまの人たちにできないのじゃないかと思う。
そこが、気の毒なんです。

素直な心が出てきたら有難い。すべてはお陰さまの心から出てくる。

「有難う」という素直な心が出てきたらいい。
素直な心が出てきたら、有難い。

すべては、お陰さまの心から出てきます。お陰さまというのは、「恨みに報いるに恩をもってすること」で、その心が出てくるということやね。

もともとだれでも、その心を持っているのだから。

欲少なくして、足ることを知る。

それをもっと極め、凝縮した意味で、恨みに報いるに恩をもってするのです。

親切をいただいていると感じるのが恩。精神は自由で柔軟なものでなくてはダメ。

「あんなことをしたらあかんね」というのとは違います。

精神は、もっと自由で柔軟なものでなくてはダメです。

おたがいに分かち合って、ご縁や、ご恩に感じるということが大事です。

自分は、親切をいただく立場にないのに、親切をいただいていると感じるのが恩です。

自分がそれだけのことをしているから、向こうが親切やお礼をしているだけじゃないかというのは、自由な精神がありません。

ご縁に感謝しながら、空で生きられるのは、ほんとうに有難い。

生きていることも、死ぬこともすべてがご縁です。

人を助けるにしろ世話するにしろ、やらされているのではない。自分から買って出て、喜んでやっている気分があるから自然であり、それもご縁です。

ご縁に感謝しながら、空で生きられるのはほんとうに有難いこと。こだわりは邪魔なもの、心のガラクタで、邪魔な想いが居坐っているから。

本来こうあるべきだとか、こうしなくてはならないと、自分で自分を括り付けて苦しんでいるだけでは、感謝の気持ちなどは生まれてこない。

気楽に生きることです。心のガラクタを捨てて自由な自分になって、いっぱいいっぱいで生きれば、愉快に生きられるし、感謝の気持ちが出てきます。

向こうの有難い生命と、こちらの有難い生命がひとつになるだけ。

すべてのご縁に対して、「有難いこっちゃ」と、自然に言葉に出てきてしまう。
そんな自分で生きることです。
なにに対して有難いということではない。
ただただ心からほんとに有難いと思うだけ。
向こうの有難い生命と、こちらの有難い生命がひとつになるだけ。
中途半端ではダメで、これでは自分の前に仏さんもなんもありません。

向こうもこちらも区別がない。
明日もわからぬ短い人生だから、無二無三、空であり無なのです。

ただ、生きていることが有難いのです。

サービス精神とは、媚びを売ることではない。無になり、裸になったときに自然に生まれて出る。

平身低頭、媚びを売る人がいます。
必ず、その人自身は心のなかで思っている。
「なんや、こんなアホな人間に頭を下げるのバカみたいや」とか、
「オレってみじめだなあ」と。

だから、すっきりしたサービスができない。

結局はイヤなやつだと思われてしまう。
自分を無にすることから、本当の自然な裸のサービス精神が出てきます。
サービス精神とは、媚びを売ることではない。
無になり、裸になったときに自然に生まれて出るものです。

自分以外はみんな、自分よりもむちゃくちゃ偉い方ばっかり。

日本人が生きていく道には、指導力しかありません。その指導力とは、権利があったり、資格があったりしたら、戦争になってしまいます。

それとは違って、話を聞いていただくのです。

それは自分の勉強のためです。

自分以外はみんな、自分よりもむちゃくちゃ偉い方ばっかりなんです。

すべてが、自分の勉強の場所です。

たとえば、自分がこんな立派な子どもを持つ資格はないのに、持たせていただいたとなればいいですね。

私みたいなもんは、この歳になってから初めてそれがわかる。


人はだれでも、他の人にはない美しい心を持っています。

この人の心は美しくないのではなく、だれでも美しい心を持っている。

普遍性がなかったら、話になりません。

話を吸収するパワーを持つ。身体で勉強する。

だれでもみんな人の話を吸収するパワーを持っています。

「なんや。あんたの話なんか聞くことない。さっさと言えや」となると、これは対応できない人です。

身体で勉強するのです。

謙虚といえば、対立する二人がいて、相手に対してこちらが謙虚であるというのではなしに、自分自身の生き方そのものです。

相手の質問をなにかと自分で噛んでみる。そういったときに勝手に答えが出てくる。

なにか質問され、それをその場で答えよう、受けて立とうと思ったらあかん。やっぱり、それを一度払い除ける。

この方のおっしゃったのは、一体、なにかと自分で噛んでみる。それだけでいい。そういったときに、勝手に答えが出てきます。

ところが、いまは、噛む間がないわけです。

向こうが言うてきたときに、そのまま答えようとする。

その方のおっしゃっていることを、本当に噛んでみるだけの余裕がないわけです。

だから、聞こえていない。

「あなたがなんと言おうと、私には聞こえていません」

という顔になって、前を通り過ぎてしまう。

「ああ、この人、耳遠くなっているなあ」

という人間ばかりです。

人に「お気の毒に」と言われて、「有難う」と言うぐらいなら死んだほうがまし。

人間は上昇しているときほど、謙虚になったほうがよい。

一方、落ち目のときに人の評判や噂ばなしに素直になるのはよくない。

悪いときには、悪いことしか人は言わないものだから。

だから、たとえ左遷されても、「おれはこの辺どまりだ」と絶対考えてはいけない。

向こうに人を見る目がなかっただけと居直ることです。

人に「お気の毒に」と言われて、「有難う」と言うぐらいなら死んだほうがまし。

人に同情されて、お礼の涙をこぼしているようではダメです。

「バカにするな！」とばかりの気力で新しい環境に立ち向かっていく。

その気力が環境に押しつぶされないあなたをつくる。

手が動く、足が動く、目が見えるということを、えらいもんやなあと拝む。喜びを感じて感謝して生きることができる。

死を考えずに生のなかで精いっぱい尽くす。

死なんてつまらないものを考えてはいけない。

自分が存在することに喜びを感じなければならない。

存在というものは、痛いことを感じることができる、ツバをかけられたらカーッとする、そんなことでも喜びを感じることなんや。

死以外のことはすべて、生きていること。手が動く、足が動く、目が見えるということ自体を、えらいもんやなあと拝むのです。

生のなかでいっぱい尽くす癖をつける。

活性化している自分を持てば、自分の存在を面白がることもできるし、喜びを感じて感謝して生きることができます。

生命は自分の二本の足で立っている、その自分に気づくことが先決。

人間は感情の動物だから、嬉しいときには笑い、悲しいときには泣く。思いっきりそうすればいい。だが、それは自分ひとりの心でやる。人に見せてまわっても、なんの役にも立たないし、かえって迷惑になります。自分が楽しいから、人も楽しいと思ったら大間違い。

自分が悲しいから、人が同情してくれると思ったら大誤解です。
自分の生命は、自分の力のスリ上げで向上するほかに方法はありません。
だれかに支えられているのではありません。
自分の二本の足で立っている自分に気づくことが先決です。

約束したことは守る。相手の思惑なんか無視して守り通す。

約束事をする。もし、これをコロリと忘れてしまったら、あっさりと、

「私の不徳のいたすところ。ご勘弁を願います」

と頭を下げるに限る。

不徳を犯すとは、本来持っている光を十分に発揮できない方向に自分を追い込んでしまうことです。

自分がした約束を、先方が忘れているかもしれない。

そんなことは関係ない。

自分で約束したことは、自分で守るという意識です。

相手の思惑なんか無視して守り通すことです。

これが自分の光をいっぱいに効率よく発揮する人生の道です。

己れという意識をなくして、頭をからっぽにすれば、人間の思考力は無限に広がる。

道元禅師の説いた言葉、「己れを知るとは、己れを忘るなり」、「己れを忘るとは、己れを捨つるなり」の中の「忘れる」も「捨てる」も「己をからっぽにする」ことです。

いくら己れをからっぽにしても、己れはこの世から消滅するものではない。己れという意識をなくして、頭をからっぽにすれば、人間の思考力が無限に広がるということをいっています。

無心の状態です。

何事にもとらわれない精神です。

無心の状態であれば、先入観や固定観念からほどける。
坐禅や公案に取り組むのも、それらを取り除いて無心になるためです。
それができる人が、ほんとうの大器だというわけです。
それができる人こそ、礼の本質を知っています。

第七章　生きいきした自分と出会える

運ぶに任すなかで、よりよく生きていける。

いまは、チャレンジだとか挑戦だとかいって、対立する自分をつくっているわけです。そんなものとは違います。

腹へったら食べるし、寒かったら一枚着るし、熱かったら一枚脱ぐ。

勝手にやることです。

すべて運ぶに任す。

任運にまかすのです。

そのなかで、よりよく生きていけるわけや。

昔の発想はしなやかだった。

「なんで生きるのか」と考えるのは、病気にかかっている人。元気が一番大事だからね。

なぜ、生きるのかと考えたときには、もうすでに負けです。
すでに生きているのを、あえて変えてしまっているからです。
なぜ、生きるのかなど、すぐに怪しさを感じてしまう。
理屈だけで固めてしまおうとするのが、見え見えや。
なぜ生きるのかなんか、感動もなんもない。
それを考えるのは、病気にかかっている人です。
元気が一番大事だからね。
元気というのが勝負どころやからね。

なぜ生きるのかという質問は、私をバカにしているわけです。

「そんなものといっしょにしないでくれ」と言いたい。

「そんなやつと友だちになれるか」というわけや。

「なんで食うのか」という質問ほど、ろくでもないものはない。

ものを食べようというときに、

「こんな安ものをなぜ食べるのか」

というのではない。

安いものか、高いものかわからないから食べているのだとね。

高いものだったら高いで食べる気がおきない。
安かったら安いでまた食べる気がおきない。
人間というのは勝手なもので、「安いものなんか食えるか」ということになる。
「なんで食うのか」という質問ほど、ろくでもないものはありません。
「なぜ生きるのか」というのと同じで、横から見ているからです。

「あれは立派な最後やった」と言えるのは、死を他人のこととして眺めている人間。

私は自殺については、いかなる言葉も持ちません。

「あんなことで死ぬなんで、バカげたことだ」

「あれは立派な最後やった」

などとは言えません。

そんなことを言えるのは、死を他人のこととして眺めている人間です。

死というものを自分の問題として受けとめたとき、それがつまらない死だとか、立派な死であるとか、批評することができません。

自殺しなければと思い込んだ、かたくなな心、こりかたまった心の痛みを共有するしかない。

人の死、それも自殺によって死を選んだ人の死を、本当に自分に引きつけたとき、ただ痛みを共有するしかないと私は思います。

この痛みは、たんに肉体的な痛みだけではありません。自殺を思いつめる原因となった、さまざまな理由が持つ痛みです。自殺しなければ、どうしようもないと思い込んだかたくなな心、こりかたまった心の痛みなのです。

私たちが共有できるのは、この痛みしかありません。相手と同じ苦しみの場に、わが身を置くこと以外にないのです。

「生まれてこなければよかった」と言われて、その相手を憎むようならば、この自分が不健康なのだ。

人から、「あんたなんか生まれてこなけりゃよかったのに」と言われた。
「ほんとうにその通りです。
世の中に害毒ばかり流すような私は、
生まれてこなかったほうがよかったですな」
と答えられれば、私は健康です。

カラリとしています。
生まれてこなければよかったと言われて、カンカンに怒るのも結構です。
いつまでもその言葉が心にひっかかり、相手を憎むようなら、この自分は不健康なのです。

どんな話を聞いても、

「そうやな、そうやな」

と聞いておける自分は、いつかは役に立つ。

どんな話を聞いても、

「そうやな、そうやな」

と聞いておける自分は、いつかはなにかの役に立つものです。

「給料を上げろ」と言われたら、

「まったく、あんたの言う通りだ」

と答えるのが正しい。

「だれも私の言うことを聞いてくれない」

とおっしゃるあなたには、

「立派な、賢い部分が多すぎるのではないですか」

と言います。


「私とあなたとは、ここが違う」ではなく、

「私とあなたとは、ここが同じ」という話だけをしたい。


「私とあなたとは、ここが違う」

というのではなく、

「私とあなたとは、ここが同じ」

という話だけをしたいんです。

自分でも答えることのできない難しい問題で、

「この問題をどうお考えですか」

と、深くたたみこんでたずねてこられたら、

「その問題については、深くたずねないでください」

と答えます。答えることのできない自分を、ありのままにさらけ出すのです。

心から頭を下げるのです。

これが本当の答えです。

「私の第二の人生です」はやめてと言いたい。
あんたなあ、いままでのは練習問題だったんでっせ。
これからが、自分でする自分自身の本当の受験勉強、
修行道場なんですよ。

よく、「私の第二の人生です」と言いますが、そんなことやめてと言いたい。
そんなんアホなこと。あんたなあ、いままでのは練習問題だったんでっせ。
会社でどれだけやって来やはったか知らんけどな。
あんなん練習で、これからがあんた自身の勉強やからね。

これからが、あんたの人生やないですか。
本当の勉強やないですか。

これからが、自分でする自分自身の、本当の受験勉強、修行道場なんですよ。

パソコンを相手に勉強させてもらっているから、「なぜ生きる?」ということになる。

あなたは、生まれながらに、人間のなかで勉強させてもらっているのです。

パソコンでゲームを相手に勉強させてもらっているから、「なぜ生きる?」ということになる。

人間同士、人間世界でならば、腹を立てたり、怒ったり、笑ったりできます。

しかし、テレビゲームは、人ともの言わんとやっているものですから、一方的に勝ったり、負けたりしてしまうわけです。

人間がないからです。

たき火を燃やすには地面とのあいだに、ほどよい隙間、空間が必要。

たき火を燃やすには、地面とのあいだに、ほどよい隙間、空間が必要です。
火種はいつまでもあるわけではない。放っておけば、いつかは消えます。
だからこそ、乾いた枯れ木をくべるのです。
その際、重要なのが空間です。

びっしりつまって身動きならない状態では、新しい風が入り込めず、くすぶりつづけて燃え上がることができません。

軽く火箸で揺すぶって、灰をふるい落とし、なかに空間をつくってやる。

すると、消えそうになっていた火は、明々と燃えるための条件を得て、パッと勢いづきます。

ところが、燃やすのに十分な火力が下地にあるかどうか、よく見きわめもせずに、次々と湿った生の落ち葉を置き捨てたら、たちまち火は消えてしまいます。

そこには、ほどよい隙間、空間がないからです。

息ができなくなるからです。

ほどよい空間が間となり、ゆとりとなる。なにごともこれなしには成功しない。

人間関係においては、ほどよい空間が間となり、ゆとりとなります。

なにごとも、これなしには成功しません。

生命の火種が意気ならば、生命を順調に燃焼させつづけるのが間です。

この間がゆとりをもたらすのです。

それはなにごとにもとらわれず、偏ることのない心です。

これができれば、ものごとに振り回されずに、間を楽しむことができます。

間を楽しむとは、そのとき、その場で、自分の意気の強弱を自覚しながら、上手にコントロールしていくことです。

ときには息もつかせぬ勢いでバリバリ仕事を片づける。そして、ときには息を抜く。

ときには息もつかせぬ勢いで、バリバリ仕事を片づける。
そして、ときには息を抜くのです。
意気に目覚めて、間を楽しむ人間には、決して息がつまることはない。
ビクビクすることも、落ち込むこともありません。

一瞬、心のなかにほんまものがあるように思う。ところが実際にあるのは違っている。

「天の川　舵の音　聞こゆ
　彦星と織女と　今夜《こよい》逢うらしも」（万葉集）

七夕さまの短冊に書いても面白いかなと思いました。

ここに出てくる「今夜」には、「夜半」や「三更《さんこう》」と同じように、気がパッと動いて事件が起こるという意味があります。

気が動くというのは、事件が起こる、つまり、死ぬことです。

仏教では、真実の悟りの世界に転じることで、ほんまものの心になると教えています。

生命はまっすぐであるのに、脇の方からポンと見えるのは「機語《きご》」であり、それは人間の働きです。

人間はアホやから、生きている間は「これがほんまものや」と思っているわけです。「こんなものが、ほんとに在るんや」と思っている。

天の川に舵の音が聞こえてくる。心が流れてくる。

その心のなかに、パッとほんまものがあるように思う。

ところが実際にあるのは、そこにあるものとは違います。

古きを尊ぶ心を持っていると、そのような原始的なものが出てきます。

それはただ、心のなかにあるだけのことでしかありません。

悟りとは、ほんまもののところで言っているのです。

純粋だけが、結局は一番偉い。真実、実際というやつだけが偉い。

純粋だから、向こうも無垢になってやってきます。
こっちを向いてくれます。
純粋だけが、結局は一番偉いねん。
真実、実際というやつだけが偉いんです。
理論とは違います。

自分はこの世に生まれたかった。

これが長年の夢であった。

やっと、この夢が果たせた。


ただただ、この世に生を得たことが有難い。

この世に生を受けたことが貰い得。

自分はこの世に生まれたかった。

これが長年の夢であった。

やっと、この夢が果たせた。

いつ死ぬかもしれないこの寿命のなかで、いまのうちに、この世に生きている間に、あの失敗もこの苦痛も一人占めして、自分のものとして味わいたい。

だから、いましかないのです。

「こんな仕事もさせてもらえる」

「おれにはこんな仕事を処理する能力がある」

それが充実した人生だ。


いまのうちに精いっぱい生きるんや。

勉強でもいい、仕事でもいい。

精いっぱいやって、自分が充実していればそれだけでいい。

結果はあとでついてくるからね。

「こんなむずかしい仕事がおれにできるだろうか」

と考えて、不安がることはなんもない。

「こんな仕事もさせてもらえる」

「おれにはこんな仕事を処理する能力がある」

と受け取るのです。

そうすれば、面白いように仕事はかたづいていきます。

こんなこともできる、あんなこともできると、勝手に自分を生かし切っていくこ
と、それが充実した人生だといえます。


生きいきした自分がほしい。

その自分に出会うのが禅。


私は、生きいきとした人間の姿を見たい。

そして、なによりも、生きいきした自分がほしい。

その自分に出会うのが禅なのです。
私たち一人ひとりが、自分のなかの本来の自己に目覚める。
ここに禅の世界の始まりがあります。

傷ついても、叩かれても、全力をあげてことにぶつかっていく。

私は「一生懸命」とか「いっぱい、いっぱい」とか、くどくど言っています。
マイペースのなかで、それを行うのです。

その積み上げとして、今日のあなたがあります。

ところが、マイペース以外の不安定な動揺のなかで、いくら悩んでみても、「一生懸命」や「いっぱい、いっぱい」は、なんの積み上げにもなりません。

学校や職場で、成績がよかろうが悪かろうが、これを重荷としたら前進できない。

傷ついても、叩かれても、全力をあげてことにぶつかっていく。

その勇気があれば十分です。

マイペース丸出しで、いっぱい、いっぱいで進めている姿こそ、生きた自分の人生を展開しているしるし。

あなたのマイペース丸出しで、いっぱい、いっぱいで進めている姿。

その姿こそ、生きた自分の人生を展開しているしるしだからです。

そのようなあなたに、

「気持ちを楽に持って。あなたの家にいるような気分でどうぞ」

と、居心地のいい座ぶとんを差し出したい。

自然に逆らわずに、素直に生きるのです。

泥をつけずに生きようとしたら、そらあかんで！

ジタバタしない生き方

著　者　尾関宗園
発行者　真船美保子
発行所　KK ロングセラーズ
東京都新宿区高田馬場 2-1-2　〒169-0075
電話（03）3204-5161（代）　振替 00120-7-145737
http://www.kklong.co.jp

印　刷　太陽印刷工業(株)　製　本　(株)難波製本
落丁・乱丁はお取り替えいたします。※定価と発行日はカバーに表示してあります。
ISBN978-4-8454-2332-3　C0015　Printed In Japan 2014